PRÓLOGO

Desde hace años vivimos sumidos en un mundo donde los sentimientos y los valores han cambiado considerablemente. Esta historia nos lleva por el camino del amor, truncado por las normas, las vocaciones y los deseos no expresados a tiempo. Esto nos recuerda que lo que no seamos capaces de decir cuando se siente se puede ver afectado por el transcurrir de los acontecimientos inesperados. Así lo aprendí por mi profesión y mis experiencias de vida.

"MUROS"

(Amor sin destino)
2ª Reedición Adaptada

Eres vida de la vida,
eres parte de los seres,
testigo de los quereres,
de la gente incomprendida.
(Febrero 1987-Diciembre 2021

CAPÍTULO I

Sor María, paseaba entre chopos y alamedas, inmersa en sus profundos pensamientos, disfrutando de la hermosa tarde de primavera: Sor María era una bella joven. De 20 años, morena, pelo largo y brillante, ojos inmensos y una mirada maravillosa, labios y dientes en perfecta conjunción, pechos pequeños y redondos, estatura mediana, pero con excelentes curvas y preciosas piernas; muy agradable de carácter y resuelta.

Llevaba, dos años en el convento y ésta era su primera salida libre, sin compañía, estaba llena de gozo, pero a su vez, se sentía triste, tenía que poner en orden sus pensamientos; no quería, recordar el motivo de su decisión, de ingresar en el convento de novicia, pero no podía borrar, de su mente terribles, pero a la vez agradables pensamientos:

16 años... Le conoció en el Instituto, donde ella estudiaba: Era un chico algo rubio, estatura media, más bien fuerte y con ojos expresivos, no era guapo, ella diría... corriente, muy simpático y con don de gentes, a cada palabra suya, siempre había varias chicas escuchándole detenidamente, convencía y daba ánimos, algo vivales, un poco descarado, pero...

¡¡Era maravilloso!!...

Cada vez que le veía, su corazón se agitaba y se sentía enormemente feliz a su lado. Las chicas le decían que estaba colada por él, pero ella prefería llamarle amistad, pura y sincera, aunque en su interior, le gustaría llamarle... amor.

Qué felicidad, qué bellos recuerdos sus besos, sus miradas, sus caricias, pero, Sor María, se paró y miró a su alrededor como si tuviera temor, a que alguien estuviese por allí y le notaran el rubor, y la angustia, que la atenazaba; Cuando comprobó, que los únicos compañeros de paseo, eran los pájaros que revoloteaban por los árboles, siguió en su meditación, la parte que no quería recordar, pero era imposible olvidar.

Una mañana, cuando acudía a las clases, todas las chicas comentaban el acontecimiento... ¡¡Sergio ha dejado embarazada a Stephanie!! y se dice, que sus padres quieren casarlos, fue una bomba, le parecía increíble... ¿Sergio casarse con otra?... ¡¡un hijo de Sergio!!..., ella hubiera deseado que fuera suyo, si él se lo hubiera pedido, le habría dado todo. Se dio cuenta en ese momento de lo mucho que lo quería, era su amor íntimo, su... Príncipe.

Dios mío, ¿qué iba a hacer ahora?, todas las chicas se reirían de ella, y se sentiría morir, La vida ya no tenía sentido, había, sido traicionada y eso la convenció, para tomar la decisión irrevocable... de eso hacía 3 años y por más que lo intentó, nunca pudo olvidarlo.

Inmersa en sus pensamientos, Sor María, no se dio cuenta y metió el pie en un pequeño hoyo, cayendo inmediatamente al suelo. Sintió un terrible pinchazo en el tobillo derecho y le dolía horrores. Miró a su alrededor, no había nadie Y pensó, ¡¡Dios mío!!... ¿qué voy a hacer ahora? Aterrada por el problema, no se dio cuenta que una voz varonil la estaba hablando:

Hermana se ha hecho daño, ¿puedo ayudarla?, cuando levantó la cabeza, dos fuertes brazos la sacaban del agujero y la posaban dulcemente en un banco cercano. Era un Policía Nacional, que pasaba por las inmediaciones y que al percatarse de lo ocurrido, salió rápidamente en su ayuda.

Se quedó en cuclillas junto a ella... ella lo miró y solo acertó a balbucear:

"Mi tobillo, me duele mucho el tobillo... "

El policía le respondió, permítame hermana, y descalzándola, le miró su tobillo, le dio unos suaves masajes y vendó éste con su pañuelo comentando:

"no es más que una torcedura, aunque el dolor es muy molesto, pero con un vendaje apropiado, no habrá más problemas".

"La vi inmersa en sus pensamientos" (comentó el policía), "tanto que no me escuchó que trataba de advertirla, de que se iba a meter en un pequeño desnivel, siento no haber estado más rápido".

"¡Oh!, no es culpa suya", contestó ella, "estaba recordando ciertos hechos que me distrajeron totalmente, he sido una tonta, tenía que haber mirado al suelo, pero por favor... no quiero molestarle a usted por más tiempo, por culpa de mi estupidez, le he distraído del deber que tiene que cumplir y no es justo que lo abandone por mí".

"No se preocupe Sor.... "María", respondió ella con un poco de rubor; Sor María - terminó el de decir- "Mi deber es ayudar a todo el que lo necesite y usted me necesita ahora..."

Se miraron y ninguno de los dos, se atrevía a decir nada, hasta que el agente algo más decidido le pregunto:

"Cómo una mujer tan joven y bella como usted, puede meterse a monja, si me permite la pregunta algo indiscreta..."

Ella se sintió a gusto con el policía, como si le conociera de antes, quizás fuera que el uniforme le infundía confianza y comentó:

"No es tan malo ser monja, o ¿es que a usted no le agradan?"

"¡Ay!...perdón, contestó él, no quise decir eso, supongo que es tan... tan honorable como cualquier otra profesión" (tartamudeó, algo ruborizado) "pero es que, es la primera vez que veo a una de ustedes tan joven y..."

Ella le cortó diciendo:

"No se preocupe, comprendo perfectamente lo que quiere decir, todos en esta vida tenemos un por qué, a la hora de tomar una decisión importante..., la mía fue la más amarga de todas, aunque no me arrepiento pues estoy muy a gusto siendo monja, me ha dado la paz y serenidad de la que antes carecía".

Hablaba pausadamente, meditando cada palabra que pronunciaba, sincerándose, pues ese hombre le daba plena confianza y según iba hablando y contando su historia, se sentía más relajada, una inmensa paz la inundaba poco a poco y notaba como si se le quitara un peso de encima.

El policía escuchaba atento y en silencio cada palabra ninguno de los dos, podría decir el tiempo que transcurrió, no les importaba lo más mínimo, pues los dos se encontraban verdaderamente a gusto y no tenían ninguna prisa, ni ganas de terminar con esos momentos tan extraordinarios, siguieron hablando por largo tiempo y compenetradamente; por fin fue ella la que dijo:

¡¡¡Dios mío!!!... se nos ha ido el Santo al cielo y está cayendo la tarde".

"¿Es que tiene que ir al convento?", le interrogó el policía.

"¡Oh no!, tengo el fin de semana libre, aunque tendría que llamar al convento para comunicarles qué voy a pernoctar en la

Residencia de señoritas de nuestra comunidad".

"Si me permite Sor María, yo no vivo muy lejos de aquí y si usted no tuviera inconveniente podríamos ir a mi casa, yo la vendería el tobillo en condiciones y usted podría llamar por teléfono; se podría asear un poco, pues se le ha manchado el hábito y luego, después de una apetitosa taza de café, la llevaría en mi coche hasta la residencia".

"Por favor, no quiero causarle molestias, interrumpió ella, además su trabajo...."

"No se preocupe Sor María, primero que usted no me causa ninguna molestia, pues para mí es un placer el poderle servir de ayuda; y segundo, que yo ya he terminado mi jornada, solo tengo que comunicarlo a la unidad telefónicamente, así que, por favor, Sor María..."

"Pues... no sé" (respondió ella) y tras vacilar unos instantes dijo: "Está bien, pero con una condición..."

"Usted dirá Sor María..."

"Que me prometa, que hablaremos de usted por el camino, pues le noto algo entristecido y lo mismo que sincerándome con usted, ha sido un gran bálsamo para mí, opino que quizás en mi corta experiencia en el convento y con los enfermos, pueda serle útil mi ayuda sí me contara sus problemas, ¿de acuerdo?, él lo pensó unos instantes y dijo:

"La verdad es que no estoy en mis mejores momentos de moral y como me ha caído maravillosamente bien, creo que es justo que no guarde por más tiempo mis penas, me vendría bien el compartir con usted esos momentos delicados de nuestras vidas, tan reservados y que nunca se encuentra a la persona idónea para compartirlos".   "Pues cuando usted desee nos ponemos en marcha",

"¿Cómo va a su tobillo?. Bueno, me molesta un poco; pero creo que puedo andar, si usted me ayuda".

"Con sumo gusto" -dijo el policía-

Y, entregándole su brazo se pusieron en marcha.

CAPÍTULO II

Una vez llegados a casa de él, éste dijo:

"Póngase lo más cómoda posible que pueda hermana, está usted en su casa, voy a por las vendas y un ungüento para las torceduras, que es una maravilla y seguro que se va usted a sentir mucho mejor".

Cuando Roberto desapareció por la puerta, ella se puso a mirar y escudriñar:

Era un apartamento pequeño, que estaba decorado con mucho gusto y sencillez; tenía una pequeña cocina abierta, un dormitorio y la puerta por dónde entró él, parecía un cuarto de baño.

Había fotos del policía por todos los sitios y una hermosa alfombra de pelo blanco, le daba al apartamento un cálido recogimiento; también había una pequeña chimenea francesa muy bien decorada y un pequeño mueble que contenía varias y maravillosas cachimbas en los más insólitos y bellos materiales.

Al otro lado, pudo ver una especie de cuadro que contenía balas de diferentes calibres, en el centro un marco de mármol con la foto de un hombre y una mujer muy guapos y también había bastantes diplomas enmarcados con un buen gusto en los que figuraba el nombre del policía, con las palabras: Felicidades y Sobresaliente.

En un rincón había un pequeño mueble bar a juego con el resto de los muebles en madera castellana y junto a él, un precioso equipo de música con doble pletina, casetera y radio cd en negro, a juegos con los amplios y cómodos sillones, más, una gran cantidad de discos, casetes.

Estaba todo muy ordenado y olía a limpio, aunque destacaba levemente un suave olor a frescor, que probablemente surgiera de algún ambientador que no conseguía ver.

Le saco de su admiración la entrada del Policía que portaba una bandeja artesanal de madera conteniendo un frasco con alcohol, una venda elástica y un botecito con el ungüento- pomada, que olía a fresas pero de color azulado, y con una toalla grisácea , colgando de su mano le comentó:

"Verá cómo va a sentir un alivio inmediato" -exclamó Roberto.

Y efectivamente, notó que se le calmaba el dolor y la sensación molesta de la hinchazón casi al instante. Seguidamente vendó con delicadeza todo el tobillo y Sor María observo que apenas le molestaba al pisar.

¿Qué tal hermana? -la interrogó-

"Tiene usted unas manos, que Dios se las Bendiga, son una verdadera maravilla casi estoy como si no me hubiera pasado nada... Muchas gracias".

"No tiene por qué darlas y ahora si le apetece, mientras yo preparo unas buenas tazas de café, usted se da un relajante baño y aprovechamos, para meter en la lavadora el hábito y en media hora volverá a tenerlo cómo nuevo; le he dejado un calcetín de agua para, vendaje, toallas limpias en el toallero y un batín en la percha del baño, si necesita algo más, pídamelo, que se lo dejaré junto a la puerta, yo le avisaré cuando el café esté listo, ¿de acuerdo?..."

Y acto seguido, se dirigió a la pequeña cocina a prepararlo todo.

¡¡¡Qué delicia!!!..., no podía creer lo que estaba ocurriendo, se encontraba en un estupendo, apartamento, dándose un maravilloso y súper relajante baño de agua caliente con espuma y sales aromáticas, acaba de conocer a una excelente persona que se desvivía por atenderla y en la cual confiaba plenamente, como se la conociera de toda la vida y encima su pie no le molestaba en absoluto.

Pero... ¿qué dirían sus hermanas sí la vieran en ese momento?, aunque ella se sentía tranquila porque sabía qué no estaba haciendo nada malo ante los ojos de Dios; Las cosas habían surgido así... inesperadamente y hasta ahora todo estaba correcto, no tenía por qué cambiar nada en absoluto; así que se despreocupo y siguió disfrutando de ese maravilloso baño, con una música ambiental de fondo que le agradaban los oídos.

Sor María, no llego a saber si se había quedado dormida o si fue la ensimismación de sus pensamientos y la maravillosa acción del agua caliente sobre su cuerpo que la había relajado en demasía; el caso es que la sacaron de su estado los suaves golpes en la puerta, y la voz ya conocida del policía:

"Sor María... Sor María, ya está el café y huele ¡qué alimenta!, ¿necesita usted algo más?

"No, muchas gracias, enseguida salgo" -se apresuró ella a decir-.

Cuando traspasó la puerta y se asomó al salón, ella se quedó parada frente a él... la chimenea estaba encendida, pues ya había anochecido y las tardes de primavera eran frescas. Él la miro fijamente... y de pronto los dos rompieron a reír cómo dos chiquillos inocentes. La verdad es que el batín le quedaba algo grande, muy largo de mangas, muy ancho de cintura y corto de piernas, por encima de las rodillas... estaba hecha una facha...

"¡Perdóneme!, pero es que está usted tan graciosa"

"No se preocupe, la verdad es que estoy para destornillarse de la risa pero qué le vamos hacer -dijo con naturalidad- mejor esto que nada..."

El policía hizo un gracioso gesto cómo diciendo... no estoy de acuerdo y de nuevo volvieron los dos a reír con ganas y ella entre risas entrecortadas dijo:

"La verdad... La verdad es que acabo se me acaba de escapar una norme estupidez... Perdóneme..."

"No... No se preocupe, me estoy divirtiendo como nunca lo había hecho hasta ahora y además está usted tan bonita cuando se ríe, y es usted tan atractiva..."

No terminó de decir la frase, cuando los dos se callaron de golpe reinando un silencio sepulcral, sus palabras fueron como un timbre de alarma, pasaron de un estado de inocencia a uno de prevención; rápidamente el policía se disculpó y dijo: "Lo siento, no quería molestarla, no era mi intención".

Las cosas ocurrían muy deprisa para ambos, no se conocían de nada, hacía unas horas antes y ahora ella, estaba en su apartamento Los dos solos: UNA MONJA Y UN POLICÍA... ¡vaya cuadro!... cualquiera que los viera pensaría mil cosas y todas malas por supuesto; La verdad es que no había picaresca, ni malos pensamientos en sus acciones, pero... ¿quién lo entendería?

¡A la porra con la gente!, ella estaba a gusto y no tenía por qué arrepentirse de nada, pues nada había hecho mal y lo que pensaran los demás, le importaba un pimiento.

"Bueno, creo que se nos va a enfriar ese café tan delicioso ¿no cree usted?" -comento ella- "¡¡¡A todo esto!!!, todavía no sé su nombre espetó Sor María".

"¡¡¡Ay va!!!... pues es verdad, qué falta de cortesía, le ruego me disculpe, ha sido un lapsus; Me llamo Roberto y tengo 30 años, soy soltero y tengo este apartamento en el que vivo solo, pero rogaría si usted no lo tuviese a mal, que nos tuteáramos, creo que sería más fácil... ¿Le parece bien que la llame María?

"¡Oh no!, ese no es mi nombre, me lo pusieron en el convento... mi verdadero nombre es: Azahara, y como no me gusta acortar los nombres bonitos, yo te llamaré Roberto y tú me llamaras Azahara, ¿de acuerdo?".

"Me parece una idea fenomenal dijo él".

Terminaron de tomar café y se sentaron en dos cojines árabes frente a la chimenea con la única luz que da el fuego; Estaban tan abstraídos con la conversación, que no repararon en la hora hasta que el reloj de campanas de la pared, les indicó qué eran las doce de la noche, con una suave melodía.

"¡Dios mío! qué tarde se nos ha hecho, ya no puedo ir a la residencia a esta hora; No te preocupes, si no tienes inconveniente duermes en mi cama y yo dormiré en el sofá, ¡pero eso no puede ser!, cómo te voy a quitar tu cama y además qué pensarían quien nos viera... respondió ella.

"Pues, si quieres que te diga la verdad, me importa un rábano lo que digan los demás, creo que somos mayorcitos y responsables de nuestros actos y no pasará nada que nosotros no deseemos que pase y lo último que yo deseo es dejarte ir en estos momentos".

"Azahara, estoy verdaderamente a gusto contigo y tenemos infinidad de cosas que decirnos todavía, a ti ya te han cerrado la residencia y tienes todo el fin de semana para disfrutarlo, sin tener que dar cuentas a nadie y yo mañana no tengo que trabajar, así que, creo que el destino se confabula con nosotros... ¿qué te parece?...."

"No sé, creo que llevas razón, yo estoy inmensamente feliz a tu lado pero..."

"Azahara por favor, necesito contarte mis problemas; no hay nada ni nadie que nos lo impida, si no somos nosotros mismos"

"Perdóname Roberto, he sido un poco egoísta por mi parte, tienes toda la razón, somos mayores responsables y la verdad es que si me fuera ahora, me sentiría culpable y desolada... De acuerdo, me quedaré por esta noche".

Siguieron charlando frente al fuego, él le narraba sus peripecias en la Policía Nacional, le contaba desde cómo murió un compañero asesinado por ETA en sus brazos, hasta cómo tuvo que hacer de parturienta, de confesor en más de una ocasión, no sin antes haber visto su vida en peligro en multitud de ocasiones y que gracias a un Ser Todopoderoso, salvó su vida y nació de nuevo en algunas de ellas.

Ella, le miraba atentamente y no se perdía un solo detalle ni uno solo de sus gestos, lo encontraba fascinante, tanto en las historias que oía, como en su propia persona.

Era de ojos grandes y expresivos, moreno, alto, complexión fuerte manos grandes y cuidadas, labios finos y nariz perfilada, tenía una voz varonil que gustaba escuchar y sobretodo, tenía una gran personalidad, que la infundía ánimo y confianza cuando te encontrabas a su lado.

Azahara o Sor María, para sus compañeras de claustro, se sentía rebosante de alegría, estaba ensimismada y un poco perpleja con las cosas que veía y escuchaba no podía creer que después de lo que le ocurrió hubiera personas tan maravillosas; De repente ella le preguntó:

"¿Roberto, crees en Dios?", - él se la quedó mirando muy fijamente, como si estuviera tratando de analizar sus palabras y dar una respuesta firme y pensada; no quería apresurarse, y después de unos instantes, comentó:

"Mira Azahara, mi vida ha sido un calvario desde que empecé obligado por las circunstancias, a tener conocimiento de causa, bien es cierto que he trabajado muchísimo para salir adelante, también he pasado hambre y un sinfín de calamidades, mis padres, teniendo yo sólo seis años, fallecieron cuando trataban de auxiliar a otro vehículo que había tenido un accidente de tráfico. A mí, me dejaron dentro del vehículo en el que viajaban y cuando trataban de sacar a una madre con su hija del interior del coche siniestrado, del que empezaban a salir llamas, un potente coche con dos parejas en su interior, que venían bebiendo y que ya se habían empapado bien en la fiesta de la que procedían, fueron a estrellarse contra el coche que estaban auxiliando mis padres. Ambos vehículos se incendiaron y todos fallecieron en la colisión en el acto, incluidos mis padres según me dijeron después".

"Nunca podré borrar esa imagen de mi mente, no sé cuánto tiempo estuvo en la carretera pegado al cristal de las ventanas del coche de mis padres viendo cómo ardían en un amasijo de hierros y cuerpos, los coches y mis padres con ellos..."

Dos lágrimas escurrían por sus mejillas, mientras seguía relatando la escena...

"Me quedé como si no estuviera dentro de mi cuerpo, veía cómo me sacaban del coche y me llevaba la guardia civil a un hospital; pero en ese momento no sabía comprender nada, todo me era indiferente, no diferenciaba lo cierto de lo irreal, estaba aterrorizado y petrificado, solo repetía en voz queda... Papá... Mamá... tengo frío... por favor, no me dejéis solo... Papá Mamá... tengo frío..."

"Creo que estuve mucho tiempo sin reconocer nada ni a nadie, totalmente ausente, yo recuerdo, que fue como si estuviera con mis padres en el cielo, flotando, jugando y admirando los cielos constantemente".

"Un día, me caí por las escaleras del hospital y volví a la realidad; llevaba 4 días sin comer nada, pero poco a poco me fui recuperando y adaptando a la vida terrenal".

"Me llevaron a un orfanato, pues no tenía familia que me acogieran, y allí hice mi vida hasta los 14 años, que salí y me refugie en este apartamento de mis padres; Desde entonces empecé a dar tumbos por la vida, trabajando un día en una cosa y otro día en otra".

"Por fin, estando haciendo el servicio militar, me salió la oportunidad de meterme, en la antigua Policía Armada. De eso hace 12 años y fui transformando este apartamento en lo que hoy ves. Me recuerda tremenda y constantemente a mis padres, pero me siento muy dichoso Por tenerlos, entre mis bonitos recuerdos y me hace sentirme totalmente unido a ellos; Mientras decía esto, señalada la foto de la chimenea, aunque eso sí... matizó: excesivamente solo".

"En cuanto a la pregunta que me has hecho de que sí creo en dios..., creo que sí, aunque hay una cantidad enorme de preguntas sin respuestas, ¿por qué se llevó Dios a mis padres?, ¿por qué me dejo tan abandonado y solo en este mundo?, ¿Por qué tuve que pasar tantas calamidades?, ¿qué mal le había hecho yo?, ¿tanta gente mala por el mundo y me tiene que pasar a mí? y aunque por otra parte, he salvado varias veces la vida milagrosamente, también es cierto que sigo vivo y, estos momentos tan deliciosos que estoy pasando contigo, no tienen precio; No sé, hay cosas que no llego a comprender...

Roberto se quedó silencioso... pensativo... Fue ella, la que con una voz muy triste y baja empezó a decir:

"A veces los designios de Dios son incomprensibles para el hombre y la mujer, hay cosas en esta vida terrenal que te hacen un daño inmenso, a veces casi insoportable, irreal e incomprensible y por mucho que se intenta, nunca se llega a comprender... y el por qué, solo Dios lo sabe; Pero bien es cierto que a veces ocurren cosas que cambian nuestros destinos, cosas maravillosas que nos resultan impensables y que nos ayudan a paliar un poco nuestras penas y ya ves, quién me iba a decir a mí, que tus palabras y tu presencia, me iban a voltear la vida, haciéndome ver que lo mío, era casi un capricho de adolescente y que me iba a sentir tan a gusto con un hombre, un hombre increíble como tú... quién sabe Roberto, si quizás algún día Él, te tenga asignada una mujer, una mujer que te comprenda y sea capaz de llenar ese hueco inmenso vacío de amor y soledad".

"Eres un buen hombre y estoy segura que pronto tus penas serán alegría y tus lágrimas estrellas, que según vayan cayendo, irán bendiciendo y transformando en alegres y preciosos niños, que llenarán de inmensa alegría tus congojas".

Mientras sor María iba diciendo esto con la mirada baja, una lágrima se escurría de sus ojos, yendo a caer en su preciosa rodilla que había quedado un poco descubierta de forma involuntaria;   él, levantó la barbilla de Azahara con exquisita ternura y vio cómo de esos preciosos ojos llenos de tristeza, le volvían a brotar dos nuevas lágrimas... Roberto, acercó sus labios a las mejillas de Azahara y con una delicadeza extrema, secó sus lágrimas con un dulce beso, se retiró muy despacio y por unos instantes ambos se miraron a los ojos profundamente, como si a través de ellos, quisieran expresar lo que no se atrevían a decir con palabras.

Sintieron una enorme atracción el uno sobre el otro, era irresistible, se fueron acercando lentamente y cerraron sus ojos para entregarse en un beso lleno de amor; Sus bocas se juntaron como si fueran una sola, notaron como el calor de sus labios se fundían con sus pensamientos, estaban sedientos de amor puro y sincero, se deseaban, necesitaban ese beso, suavemente, delicado, apasionado y extenso. Cuando por fin se separaron, se recostaron hombro con hombro en un abrazo fraternal y meditando sin cambiar la postura, exclamó ella:

"¡¡¡Dios mío Roberto!!!, esto no nos puede estar pasando a nosotros, no puede ser... pero es que te deseo tanto... te necesito como nunca he podido necesitar a nadie, pero... ¡Oh Dios, ¿por qué? -él la miro tiernamente y le dijo:

"Azahara... te quiero... necesito tu calor y tus besos, nunca jamás había sentido nada semejante por una mujer, como estos momentos estoy sintiendo por ti, no sé cómo expresártelo, no sé cómo se debe decir todo lo que tengo en mi interior...

"¡¡¡Por favor Roberto!!! -imploró ella-

"No Azahara, no... no podemos ocultar nuestros sentimientos, ni podemos jugar a apartarlos como quién quiere apartar con sus manos el agua de un manantial; Eres parte de mí y yo de ti... no podemos evitarlo, nos necesitamos con ansiedad y deseo incontenible el uno al otro, no podemos escondernos y borrar nuestros sentimientos como si de cortar un bello árbol se tratara, esto es amor, es deseo, es ser tú y yo, es querer ser un solo cuerpo y un solo pensamiento... ¡¡¡Dios dijo mirando hacia arriba!!!, no vas a entender esto, la quiero, la necesito, no me la quites, como me quitaste a mis padres ¡¡¡por favor!!!..."

Los dos lloraban amargamente como dos niños que se sienten perdidos, cogidos de la mano y arrodillados el uno frente al otro,

"Señor...-dijo ella- tú sabes que te he sido fiel, que nunca, él va a ocupar tu lugar, pero te suplico que no me dejes en esta incertidumbre, de saber si está bien o mal lo que estamos haciendo".

Miraron por el amplio ventanal en forma de buhardilla, que se encontraba en el techo del salón junto a la chimenea y vieron como las pequeñas nubes que cubrían el cielo se retiraban para dejar paso a una magnífica noche estrellada,

"¡Qué belleza!, ¡qué noche más limpia!... como nuestro amor -intercedió Roberto- Infinito como tu pensamiento y limpio y brillante como tu cara".

De nuevo se volvieron a mirar, sus bocas ávidas de pasión, se unieron nuevamente, se tumbaron lentamente el uno sobre el otro junto al fuego y encima de la hermosa y mullida alfombra de pelo blanco; El batín de Azahara se deslizó caprichosamente de sus hombros dejando entrever una maravillosa escultura de mujer, tenía unos preciosos hombros morenos y unos maravillosos pechos morenos, de los cuáles cualquier escultor o poeta, se sentiría orgullosamente halagado de plasmarlo en sus obras.

Estuvieron amándose, acariciándose, y besándose sin decir una sola palabra hasta el amanecer, sus cuerpos estaban desnudos y en la estancia, se notaba un ambiente especial, inusual, el fuego se consumía lentamente, dejando unos rescoldos vivos que mantenían una temperatura muy agradable y reconfortante; Los dos se quedaron dormidos... abrazados muy estrechamente... y con un gesto de placer en sus labios.

CAPÍTULO III

Roberto se desperezaba entre un precioso edredón de raso rosa y la bonita alfombra de pelo blanco. Era aproximadamente mediodía, el sol estaba bastante alto y los rayos que entraban por la ventana hirieron sus ojos; entonces Roberto extendió su brazo como buscando algo y tocó el cojín árabe, fue cuando volvió a la realidad, allí no estaba Azahara...

Por unos instantes se quedó dudando, como si quizás todo hubiera sido un bonito sueño, pero no...no ha podido ser un sueño, de un brinco se levantó, estaba desnudo, todavía podía percibir el olor de su cuerpo de mujer, él la llamó:

"Azahara... Azahara, ¿estás en el baño?... al no tener respuesta, Roberto se dirigió al baño, no había nadie. ¡¡¡No...no puede ser!!!, no ha sido un sueño, ella estaba aquí; Roberto se quedó confuso por un momento y enseguida reaccionó: ¡se ha ido!... me ha dejado... ¿por qué?..."

Roberto cayó abatido en el sofá, se sintió morir, metió su cara entre las manos con desesperación, se encontraba de nuevo solo, no quería, ni podía soportar otra vez esa terrible soledad.

"¡Yo la quería!" -se dijo así mismo- la quiero con toda mi alma y ella me quería; me dijo que me quería, ¿por qué se ha ido?... ¿Por qué? -gritó con desesperación entre sollozos-

"¡Dios... esto no es justo!".

Mientras Roberto seguía sollozando con una desesperación incontrolada, no podía dejar de pensar, porqué ella le había dejado sin ni siquiera decirle una palabra...un beso... un gesto...

"Eso es...qué tonto soy" -se dijo de repente y se puso a reír a carcajadas casi histéricamente- No… no se ha ido, simplemente ha bajado a comprar el pan, o cualquier otra cosa, o está en la azotea viendo el maravilloso paisaje que se divisa de Madrid, seguro que sí… que será eso…".

Inmediatamente, se puso los pantalones y salió corriendo de su casa como un desesperado a subir a la azotea, cuando llegó, no había nadie… bajo pesadamente las escaleras y entró de nuevo en el apartamento. Estaba aplomado, hundido, pareciera como si le hubieran caído veinte años encima; Roberto se apoyó en el quicio de la chimenea para no caerse, y fue entonces, cuando notó la presencia de un sobre junto a la foto de sus padres, que ponía: "PARA MI AMOR"; rápidamente Roberto rasgó el sobre y con un claro temblor y ansiedad, sacó el papel de su interior, era de Azahara…

"QUERIDÍSIMO ROBERTO:

AMOR MÍO, NO SÉ SI CUANDO TERMINES DE LEER ESTA AMARGA, CARTA SABRÁS PERDONARME POR EL DAÑO TAN GRANDE QUE TE ESTOY HACIENDO; QUIERO QUE SEPAS QUE ANOCHE FUI LA MUJER MÁS FELIZ DE ESTA TIERRA, ME DISTE LA TERNURA Y EL CARIÑO MÁS GRANDE QUE JAMÁS NADIE HAYA SIDO CAPAZ DE DARME, ME VOY CON UN DOLOR MUY GRANDE, PUES TE QUIERO MÁS QUE A MI PROPIA VIDA, PERO NUESTRO AMOR ES IMPOSIBLE, NO PODEMOS ENGAÑARNOS Y ANOCHE, NO DEBIMOS PERMITIR QUE LAS COSAS LLEGARAN HASTA EL PUNTO QUE ALCANZARON; AUNQUE QUIERO QUE SEPAS QUE FUERON LAS HORAS MÁS MARAVILLOSAS QUE JAMÁS HAYA VIVIDO, PERO... SOY MONJA Y PROFESÉ MI VIDA A DIOS EN UN CONVENTO".

PROMETÍ DEDICARLE MI VIDA POR ENTERO A ÉL, SE LO DEBO Y NO PUEDO FALLARLE, NO SERÍA JUSTO.

CREO QUE ESTA DECISIÓN QUE TOMO, AUNQUE MUY DURA, ES LA MÁS JUSTA, SÉ EL DAÑO QUE TE VOY A CAUSAR PERO TE RUEGO QUE NO ME GUARDES RENCOR NI ME ODIES... NO PODRÍA RESISTIRLO; SIEMPRE ESTARÉ REZANDO POR TÍ Y TE TENDRÉ RESERVADO UN HUECO EN MI CORAZÓN.

CUÍDATE SIEMPRE AMOR MÍO... PERDÓNAME Y NO SUFRAS POR MÍ,

DIOS SABRÁ RECOMPENSARTE...ADIÓS MI AMOR...: AZAHARA".

"¡No otra vez no!... -sollozó Roberto- Cayendo de rodillas al suelo, se puso a llorar y a gemir desconsoladamente con la carta arrugada entre las manos, en ese instante el equipo de música se puso a sonar, la canción era la que escucharon cuando estaba con Azahara, era de Nana Mouskouri y se titulaba "Piensa en mí". Roberto lloro con más desconsuelo y amargura hasta el anochecer, que se quedó dormido del cansancio.

CAPÍTULO IV

Al día siguiente Roberto llamó al trabajo para decir que se encontraba enfermo y que no podía ir en tres o cuatro días; En ese tiempo, no comió y sólo lloraba amargamente. Descolgó el teléfono porque no quería que nadie le molestara, tampoco atendió las llamadas de la puerta, quería estar sólo y llorar, llorar hasta que no tuviera más fuerzas.

Al cuarto día Roberto fue a prestar servicio, iba destruido física y moralmente, abstraído, con barba de varios días y algo sucio. Cuando subió al vehículo policial, su compañero habitual, llamado Javier, un muchacho joven de unos veintiocho años, rubio, fuerte, con ojos achinados y de carácter bastante abierto y simpático, le pregunto:

"¿Qué te pasa Roberto?, te conozco hace tiempo y sé que te ocurre algo grave. Si quieres puedes contármelo..."

"¡¡¡Déjame en paz!!! -le contestó secamente- a ti no te importa lo que a mí me pasa... limítate a tus asuntos y déjame a mí los míos".

"¡Está bien hombre, perdona!... no he querido molestarte, simplemente pensé que dado el tiempo que nos conocemos y la cantidad de servicios que hemos prestado juntos, me daba un poco de poder para tratar de ayudarte, igual que tú lo has hecho otras veces conmigo"

"Perdona Javier, -le respondió Roberto- estoy algo nervioso, tú no tienes la culpa pero te rogaría que no me hicieras preguntas que no te puedo contestar, ni me apetece en estos momentos... ¿de acuerdo?"

"De acuerdo Roberto, pero te pediría por favor, que si me necesitas acudas a mí, ¿seguro que te encuentras bien?... ¿estás en condiciones de realizar la patrulla?

"Ya te he dicho que sí, estoy perfectamente y no necesito que seas mi ángel de la guarda, que me sé cuidar yo solito, así que métete tu paternidad donde te quepa...¿vale?...".

"Está bien... está bien... Roberto perdona".

Roberto y Javier continuaron la patrulla por las calles con el coche policial. Y así pasaron varios días... Roberto estaba aún más desastrado, sucio, mal oliente, y de peor mal carácter que nunca. Todos los compañeros lo comentaban, Roberto tuvo que subir varias veces a hablar con el capitán de la compañía que en la última ocasión, riñó seriamente y advirtió que de seguir así, tomaría medidas disciplinarias contra él, puesto que no había querido hacer caso de sus consejos y éste le veía cada vez peor.

A Roberto le daba todo igual, nada ni nadie tenía sentido para él, ni siquiera la misma vida, todo le daba igual. Su compañero Javier ya no se atrevía a comentarle nada, por miedo a tener una seria disputa con él, que no deseaba; Javier sabía que a su compañero le pasa algo grave, pero no conseguía saber qué podía ser. Le dolía verle en ese estado y que él no pudiera hacer nada por impedirlo; le tenía un aprecio muy grande, pues habían pasado bastantes penas juntos, era un compañero maravilloso que incluso le salvó la vida en más de una ocasión; era querido por todos, no se explicaba ese cambio tan radical, ese no era el Roberto que él conocía, ¿qué le había hecho cambiar esa forma tan brusca?, cuánto daría él por ayudarle, pero eso era del todo imposible pues no hablaba con nadie, ni permitía que nadie le preguntara nada. Pobre Roberto... cada día estaba más flaco y delgado, si no pone remedio rápido va a caer enfermo irremediablemente en cualquier momento.

Un viernes por la mañana cuando Roberto y Javier se encontraban patrullando, recibieron una llamada urgente de la emisora para que se dirigieran rápidamente a la calle tres con la calle ocho porque se estaba cometiendo, un atraco a una entidad bancaria y se habían producido disparos en su interior. Rápidamente Javier dio un giro de volante de ciento ochenta grados, haciendo un clásico "trompo", para dirigirse rápidamente al lugar, ya que estaban bastante cerca del mismo. No pusieron ninguna clase de señal, ni acústica ni óptica, Javier freno el vehículo a escasos metros de la puerta principal del banco, como acostumbraban en otras ocasiones, Javier corría junto a una esquina del Banco y Roberto debería cubrirle desde la otra con la metralleta Z 70 y así podrían coger a los atracadores entre dos fuegos, siendo prácticamente imposible que se escaparan los delincuentes hasta que llegaran refuerzos.

Pero algo extraño ocurrió, Roberto no cubrió el otro ángulo, sino que se quedó junto al coche policial, como si estuviera atontado, abstraído, no estaba en lo que estaba ocurriendo.

En este momento, salieron de la Entidad Bancaria, dos chicos jóvenes, uno con un revólver (éste era delgado y con gafas oscuras y el otro más alto, también delgado con nariz aguileña prominente y con una escopeta de cañones recortados), pegando tiros en todas direcciones, y huyeron por el ángulo que tenía que haber cubierto Roberto.

Javier trata de dar instrucciones a gritos a su compañero para que éste reaccionara, pero Roberto ni se inmutó, por lo que Javier, optó por correr hacia el coche patrulla, introducir en el mismo a su compañero de un empujón y salir en persecución de los atracadores. Éstos, habían conseguido un vehículo a punta de pistola y se daban velozmente a la fuga, mientras se iniciaba la persecución, Javier tuvo que comunicar todos los pormenores a la emisora puesto que Roberto se encontraba agarrotado y seguía sin reaccionar, la persecución, les llevó a las afueras de la ciudad donde por fin y tras una hábil maniobra de Javier, éste pudo echar a un montículo el vehículo de los delincuentes y con el parachoques del patrulla, bloquear la puerta del conductor, y cuándo se disponía a detenerlos, gritó a Roberto:

"¡¡¡Cubre tú la puerta de atrás!!!, En ese instante, sonó una detonación... el atracador que iba de acompañante había efectuado un disparo que hirió a Javier en el muslo derecho, pero a pesar de eso se abalanzó sobre el atracador y de un certero puñetazo en la mandíbula, lo dejó inconsciente, lo desarmó y se dispuso a esposarlo: Fue entonces, al oír la detonación, cuando reaccionó Roberto y saltando por encima del vehículo policial, se abalanzó sobre el conductor, que intentaba coger del suelo del coche la escopeta de cañones recortados y ágil como una gacela, le arrebató la "recortada" haciéndole desistir de su peligroso intento, así como de huir por la ventanilla del vehículo sustraído.

Mientras Javier estaba esposando al primer individuo en el quicio de la puerta, Roberto esposó al segundo, al volante del vehículo y presto se fue a asistir a su compañero.

"¡¡¡Javier por Dios!!! ¿en dónde te han dado?..." "En la pierna -contesto éste- pero tranquilo, creo que no es nada grave"

"¡Dios mío nunca me lo perdonaría!... ha sido por mi culpa soy un verdadero imbécil no sé cómo ha podido ocurrir"

"¡¡¡Eh!!!... no te martirices le respondió Javier, no te preocupes no es nada, ¿ves?

y enseñándole la pierna, Roberto vio como salía un pequeño hilo de sangre, debido a un rasponazo que le había producido la bala.

"¡Qué suerte, menos mal que solo ha sido un pequeño rasguño, es culpa mía, no estaba en condiciones de trabajar, tenía que habértelo dicho, nada de esto habría pasado si no hubiera sido tan cabezón y hubiera dejado que me ayudarás"

Javier cogiéndole por los hombros le dijo:

"¡Venga hombre!... no te martirices más, ya ha pasado y gracias a Dios podemos contarlo". Los dos, se fundieron un fuerte abrazo lleno de emotividad.

Al día siguiente Javier fue a casa de Roberto y mientras éste se preparaba un whisky, su compañero se puso un ron con naranja; Hacía mucho calor y apetecía tener frescas las gargantas, pues tenían muchas cosas de que hablar ese día.

Roberto había cambiado totalmente su imagen, se había duchado y afeitado y vestía de sport. El apartamento volvía oler a limpio y sin querer Javier se le escapó:

"¡¡¡éste sí es mi Roberto!!!"-los dos se echaron a reír-

"Javier", empezó diciendo Roberto, "antes que nada debo pedirte perdón"

"No por favor -respondió Javier sin dejarle terminar- antes que nada, decirte que me alegro muchísimo de reencontrar a mi compañero y hermano".

"En esta vida Roberto, todos cometemos errores, pero lo más importante es que se sepa corregir a tiempo, tú estabas enfermo y no eras consciente de la situación, pero para bien de los dos, ya estás estupendamente y totalmente recuperado, solo me tienes que explicar qué es lo que te causó ese tremendo descontrol en tu vida y ya sabes, que si está en mi mano, por supuesto que te ayudaré".

"Lo sé... lo sé -respondió Roberto- sé que has sido, eres y serás un buen compañero... el mejor que he tenido nunca."

Roberto y Javier pasaron muchas horas en el apartamento, explicando el primero a su compañero, todo lo que le había ocurrido en las últimas semanas. Cuando por fin Roberto termino de hablar, Javier le dijo:

"¡¡Ve a buscarla!!...

"¡¡Cómo!!" -exclamó Roberto-

"Sí compañero sí... ve a buscarla, no la dejes escapar...mejor dicho... vamos a buscarla los dos"

"¿Pero tú... ¿por qué?..."

"¡¡Chaval!... porque tú eres mi hermano y si la conseguimos encontrar (que no dudes que lo haremos), yo seré tu padrino de boda y no admito ninguna clase de excusa. Tú me has dado tu palabra y dicho y hecho".

"Pero Javier...", "No hay peros que valgan compañero..."

Los dos se miraron fijamente con una sonrisa en los labios y se dieron un apretón de manos seguido de un cálido y fuerte abrazo.

CAPÍTULO V

Por su parte Azahara, ya Sor María otra vez, se había reincorporado al convento. Nadie sabía nada de lo que había ocurrido ¡por Dios, nadie podría saberlo!, pero ella tenía una pena y una amargura inmensa, no hablaba con nadie, siempre que sus labores se lo permitían, se retiraba al jardín de recogimiento del convento, o a la pequeña capilla a rezar y llorar desconsoladamente; No conseguía borrar de su mente, esa maravillosa tarde que conoció a Roberto, estaba hecho un mar de dudas, ella le amaba con desesperación pero le había prometido a Dios, que le dedicaría su vida por entero y no podía echarse atrás.

Ya han pasado tres meses, desde su reingreso al Convento, Pero seguía sin dominar o borrar sus pensamientos, ni sacar nada claro de todo lo ocurrido, excepto que seguía tremendamente enamorada, y a su vez, enormemente confusa por una situación que se le fue de las manos; Por otra parte cada vez comía menos y cuando lo hacía, vomitaba. Sentía mareos y náuseas, no sabía a ciencia cierta lo que ocurría, solo que no se sentía bien;

La única cosa que podía hacer, era pedir ayuda a su íntima amiga Rebeca que era doctora analista y tenía una clínica que le habían puesto sus padres y con la que se había independizado familiar y laboralmente. Ella le podría decir que es lo que le pasaba.

Pasaron 7 días de la visita a la Clínica de su amiga Rebeca, cuando Azahara recibía una llamada en el convento. Era su amiga, estaba muy nerviosa y le rogaba que fuera cuanto antes a visitarla, tenía que ser lo más urgente posible, pues el tema de que hablar, así lo requería.

"Rebeca no me llamaría si no fuera muy necesario vernos"-pensó-.

Sor María, pidió permiso a la Madre Superiora, para que la dejara salir esa tarde del convento, alegando que su madre se encontraba bastante mal y que la había mandado llamar. Era una mentira piadosa, pero no se le ocurría otra cosa.

La madre superiora accedió, pensando que quizás fuera una buena fórmula para que Sor María se pudiese recuperar un poco, si estaba con su madre y a sí se olvidaría de los problemas que le acontecían y que ella desconocía.

Sor Teresa, que es como se llamaba la Madre Superiora, tenía en alta estima a Sor María, tanto por su juventud, su inocencia, su abnegada labor y sacrificio en el convento, como por la alegría y sonrisa contagiosa que encandilaba a todas las hermanas. Con todas se llevaba genial y siempre estaba dispuesta para ayudar a las demás o hacer las tareas más ingratas, le recordaba enormemente a su juventud y le tenía un entrañable pero oculto cariño, ya que por su cargo, no podía expresar abiertamente sus sentimientos; pero es cierto que en los últimos meses Sor María, estaba totalmente desconocida, se había refugiado en sí misma, y apenas se relacionaba con el resto de hermanas, se buscaba tareas voluntarias , tanto dentro como fuera del convento (visitas de enfermos, ancianos, niños, pedir la caridad para los necesitados) y cuantas tareas se le ocurrían o surgían, ella era la primera en acudir, sin dejar sus labores y compromisos en el convento, pero cada vez estaba más delgada y demacrada y no tenía buen aspecto, y aunque se le había casi obligado a bajar su ritmo de compromisos, se veía que algo muy grande la afligía... pero nadie era capaz de sacarle una palabra.

La Madre Superiora autorizó su salida, aunque le puso, la condición de que la tuviera informada de todo lo que ocurriese, aunque fuera por teléfono al Convento.

"¡¡¡Dios mío!!!...no...no puede ser!!!" -dijo mirando con desesperación a Rebeca, esperando que ésta corrigiera su afirmación, pero muy al contrario, ésta... asintió con la cabeza, con lágrimas en sus ojos;

"No puede ser, repitió con amargura, qué va a ser de mí ahora".

Rebeca la recogió en sus brazos y lloraba desconsoladamente,

"Mi niña... dijo tiernamente Rebeca; tu vida no es más que un sufrimiento y ahora esto... no te lo mereces, pero los análisis y pruebas realizadas, no se equivocan "ESTÁS EMPARAZADA DE 3 MESES".

¡Pobre... mi niña..." -Rebeca tratando te consolarla en su desesperación, llenándola de besos caricias y mimos; prosiguió diciéndole:

"No te preocupes mi niña, te saldrás del convento y vendrás a vivir conmigo, juntas sacáremos lo que venga adelante".

Rebeca era íntima amiga de Azahara desde el instituto, fue la única persona que la ayudó a pasar el trago de Sergio y que siempre estuvo con ella en todo momento, hasta que la despidió a la puerta del Convento. Ahora volvían a revivir otra vez la pesadilla, solo que en esta ocasión, era peor, pues había de por medio un bebé, que no tenía la culpa de nada.

Rebeca era una muchacha alta, rubia y de bonitas facciones. Siempre fue muy inteligente, y tenía laboratorio propio, que le habían instalado sus padres (con alto poder adquisitivo), así que, podía vivir de forma independiente de su familia, y tenía un pequeño pisito de soltera.

No deseaba compromisos, pues se sentía totalmente realizada y nada le hacía falta, ya que tenía todo lo que deseaba, y ahora debía volcarse en su amiga, ella la necesitaba más que nunca, en esos momentos tan delicados: ¡¡¡Por Dios!!! que iban a salir hacia adelante, aunque eso les costara toda su juventud.

Una vez de vuelta al Convento, Sor María pidió ser recibida por la Madre Superiora, para exponerle y comunicarle los motivos de su meditada y grave decisión. Sor Teresa, la mandó pasar y muy amablemente la ofreció asiento y seguidamente la dijo:

"Bien Sor María, que es eso tan grave que me tienes que comunicar, aunque por tu pálido semblante y tu notable temblor, me temo que es algo muy serio".

"Verá Madre Superiora..." -comenzó a intentar narrar con un nudo en la garganta y lágrimas de desconsuelo- "He decidido dejar definitivamente el Convento, como usted habrá notado estos últimos meses, no me encuentro ni física, ni moralmente nada bien, tengo serios problemas personales bastante graves, de índole personal e íntimos, imposibles de solucionar si sigo con ustedes, no piense que mi problema parte de ustedes, ¡¡¡nooo por Dios!!!, nada más lejos de la realidad, estos dos años largos que he convivido con ustedes me han sido extremadamente útiles, ustedes se han portado maravillosamente conmigo y me han acogido desde el primer momento, como a una hija más, he sido muy feliz, mi vida dio un tremendo giro en positivo, y cada instante compartido, ha sido como un aliento más de vida, pero me ha surgido un problema imprevisto, con el que no contaba para nada y como ya he dicho, ajeno al convento, que han dado un vuelco a mi vida y las circunstancias me obligan a cambiarla de manera radical y debe ser fuera del convento... lo siento muchísimo... con toda mi alma... de verdad... las voy a echar muchísimo de menos y siempre rezaré por ustedes.

La Madre Superiora escuchó atentamente y en sacro silencio, la dolorosa exposición de Sor María, no por supuesto sin una gran tristeza, que ella hubiera dado todo lo que estuviera en su mano, para tratar de solucionarle el problema y evitar su marcha, pero su experiencia le decía que era una decisión muy personal y que nada podía hacer por remediarlo, así que con el alma rota de dolor pero con la firmeza infranqueable de la experiencia y de su cargo le dijo:

"Mira hija... por supuesto que he notado que en estos últimos meses, has tenido serios problemas afectivos; Me da una tremenda pena lo que he escuchado de tus labios, pues te quiero como si fueses algo mío, pero yo no me puedo inmiscuir, en tus... me constan, meditadas decisiones... Como te he dicho, me apena enormemente que nos dejes y sé con certeza, que será un duro golpe para todas las hermanas, que te tenían por la "alegría de la huerta", pero si esto va a servir, para que te encuentres a ti misma, y tengas quietud y paz a tu alma, además de una buena reinserción en la sociedad, ¡¡¡Alabado sea Dios!!!; Solo te rogaría, que tuvieses muchísimo cuidado, que no hagas nada sin meditarlo detenidamente antes, y que de vez en cuando, te acuerdes que aquí tienes personas que te quieren, que te tendrán en sus oraciones y rezos y siempre serás bien recibida en esta tu casa".

La Madre Superiora (Sor Teresa), salió de la amplia mesa de su despacho, para dar un cálido e intenso abrazo a Sor María, ésta se arrojó rápidamente en los brazos de la Superiora hecha un mar de lágrimas:

"¡¡¡Madre... qué buena es usted!!!, la voy a echar tanto de menos..."

"Vamos...vamos... no seas chiquilla y compórtate que me vas a manchar el hábito".

Sor María se inclinó con respeto, y le besó la mano, a la vez que le volvía a dar las gracias, por todo lo que había hecho por ella.

"¡¡¡Anda!!!...vamos... vamos..."

Cuando Sor María se disponía a salir del despacho, se volvió repentina y espontáneamente y se abrazó de nuevo con mucha fuerza al cuello de la Madre Superiora y la besó en la mejilla, para salir corriendo de allí a continuación, a fin de evitar que la Superiora le viera llorar desconsoladamente. Mientras esto ocurría, Sor Teresa, musitó en voz tenue y resbalándole dos lágrimas por sus mejillas y contenidas a duras penas:

"¡¡¡Dios te Bendiga y te guarde hija mía!!!"- a la vez que levantaba la mano como despedida-.

CAPÍTULO VI

Estaba metida la tarde, el sol empezaba a dejar de calentar y presumía un bonito atardecer...Dos toques suaves en la puerta del despacho de la madre Teresa la sacaron de sus pensamientos...

"Reverenda Madre, Dos policías, desean hablar con usted y preguntan por la hermana María".

Cuando Roberto y Javier entraron en el despacho de la Madre Superiora, ésta les invitó a sentarse y les dijo: "Ustedes dirán en qué puedo servirles..."

Entonces los policías le explicaron a la Reverenda Madre "Sor Teresa", que estaban buscando a Azahara, o Sor María, para tratar de unos temas personales; la monja les notificó, que Azahara, hacía cinco meses que ya no estaba en el convento, había colgado los hábitos y no sabía nada de ella, le había perdido la pista.

"Creo que vive con una amiga suya que es Doctora o algo así, pero no sé de qué tipo , ni dónde, tampoco puedo informarles de ambas, pues como ya les he dicho, desconozco su paradero, lo siento., si pudiera ayudarles más, sin duda alguna que lo haría, pues para nosotras Azahara ha sido una persona muy querida y lo sigue siendo, solo puedo decirles que ella sufrió mucho en los tres últimos meses en el convento, no paraba de llorar y de rezar, apenas comía y no hablaba con nadie... estuvo en absoluto recogimiento, no se... Alguien... o algo... le estaba haciendo mucho daño, pero no quiso decir de qué o de quién se trataba... ¡¡¡Le ha pasado algo!!!... ¿Está bien?... ¿se ha metido en algún problema?".

"No se preocupe hermana, policialmente todo está perfecto, pero como le comentamos, queríamos hablar con ella unos temas de índole personal y confidencial, muchas gracias por su información y amabilidad, le estamos muy agradecidos, y le damos nuestra palabra, de que la mantendremos informada, para su tranquilidad, Buenas tardes".

Cuando Roberto y Javier salieron del Convento, éste último, estaba hundido, ambos , habían investigado mucho, para tratar de localizar el convento, y tenían puestas muchas esperanzas , en encontrar a Azahara, o Sor María, así que otra vez se encontraban en un punto cero, no tenían apenas nada,. Javier trataba de consolarlo y animarlo:

"Eso es que Azahara te quería... te quiere...y no se ha olvidado de ti, quizás no se atreva a contactar contigo por miedo al rechazo, o a que no puedas perdonarla, no te preocupes hermano... verás como la encontramos más pronto que tarde".

CAPÍTULO VII

Habían pasado cinco largos años... desde que se conocieron de forma totalmente casual, Azahara y Roberto y tanto él como su hermano adoptivo y compañero Javier, no habían conseguido resultados en sus pesquisas, seguían en el mismo punto que cuando visitaron el convento, pero eran tenaces y sabían que nos les flaquearían las fuerzas para seguir buscándola.

Una mañana que Roberto se encontraba en el apartamento (libre de servicio), sonó el teléfono... Roberto respondió:

"¿Dígame?"... una voz agradable, firme y femenina, le interrogó...

"Buenos días, mi nombre es Rebeca y no nos conocemos, pero tenemos una amiga muy especial en común y a la que usted ha estado íntimamente ligado...., como ya creo que deducirá, se trata de Azahara, es usted ¿Roberto?...

A Roberto le dio un vuelco el corazón, en mucho tiempo era la primera vez que escuchaba ese nombre sin partir de sus labios,

"Sí... Sí...-respondió Roberto de forma atropellada casi sin respirar- hable por favor, ¿dónde está Azahara?...¿está bien... ¿le ha pasado algo?...."

Por fin su interlocutora, pudo decirle:

"Por favor Roberto tranquilícese, no se preocupe, están las dos estupendamente. ¿Cómo que las dos?...que quiere usted decir con las dos... mire Roberto, precisamente le llamaba, porque la situación no es lógica, más bien injusta, y anómala y usted tiene perfecto derecho a saber lo que ha ocurrido..."

"¿Qué no es nada lógico?, respondió Roberto... ¿qué es lo que tengo derecho a saber?... ¿qué es lo que ha ocurrido?, por favor, me está usted haciendo un verdadero lío y un caos en mi cabeza le ruego... no perdón...le exijo que me explique todo cuanto antes y sin más rodeos".

"Verá Roberto...esto no es fácil de explicar, y menos aún por teléfono, es un tema muy delicado, que requiere el mayor tacto posible, yo deseosa estaría de poderle informar, aclarar todas sus dudas y poder responder a las preguntas que se está usted haciendo ahora, pero debo ser cauta y me gustaría darle la información y cuantas preguntas me desee hacer, pero debe ser de forma personal, vernos y poder responderle cara a cara responderle y aclararle todas y cada una de sus interrogantes".

"¿Dónde?...¿Cuándo?...¡¡¡Ahora mismo por favor Rebeca...!!!".

"No...no, Roberto, debe usted tener calma, es mucho tiempo para resolverlo en un minuto y de forma tan impersonal...le entiendo perfectamente, pero le ruego un poquito más... solo un poquito más de paciencia y sabrá todo lo que tiene derecho a saber".

"Hoy me es del todo imposible por mis compromisos laborales en la clínica, pero para mañana jueves por la mañana, a las 10, podríamos vernos, en el Palacio de Cristal del Parque del Retiro, yo suelo estar allí un par de horas con Esperanza y... Roberto la interrumpió de nuevo bruscamente;

"¡¡¡Un momento!!!... ¿Quién es esperanza?, que tiene que ver en todo esto esa mujer..."

"¡¡¡Por favor Roberto!!!, exclamó Rebeca... Le vuelvo a reiterar que tenga paciencia y espere hasta mañana,... ¿a las 10 de la mañana le parece bien?".

"Bueno...si...respondió titubeante...pero..."

"No sé si lo que voy hacer estará bien o mal, le interrumpió Rebeca, pero no puedo resistir, que dos personas que se quieren con tanta pasión, estén sufriendo este calvario y destruyendo sus vidas de una manera tan cruel...; No... no lo permitiré...no, mientras esté en mis manos poder hacer algo para evitarlo".

"¿Entonces, confirmamos mañana a las 10h? y por favor Roberto, yo sé que le estoy pidiendo un tremendo y difícil esfuerzo, pero trate de tener paciencia,   solo es hasta mañana... conserve la serenidad y sea fuerte, pues estoy segura que mañana será un día de muchas emociones para usted y sin dejarle pronunciar una sola palabra más, Rebeca cortó la comunicación".

Roberto no salía de su estupor, ¿quién era esa chica?, ¿cómo conocía su nombre?, ¿qué quiso decir con que, están bien las dos?, ¿qué situación no era lógica?, ¿quién era Esperanza?... todas esas oleadas de preguntas, se agolpaban en su mente de forma desordenadas y caóticas y por más que lo intentaba, no podía poner en orden ninguna, todo era un verdadero galimatías.

Rápidamente se puso en contacto con Javier, para ver si él era capaz de entender algo. Le rogó que se tranquilizara y que estaría pendiente de que le informase cuanto antes de cómo había sido la entrevista, pero que se tomara una infusión para intentar relajarse.

Llegó la noche y Roberto todavía seguía dándole vueltas a la conversación telefónica misteriosa y enigmática, no podía probar bocado, nuevamente el estómago se le cerró en banda, y malditas las ganas que tenía de comer, sólo intentaba conseguir entender algo de todo esto y ensamblar alguna pieza de este rompecabezas.

Estaba ansioso porque amaneciera, para poder acudir a la cita y resolver de una vez por todas este embrollo de la chica y llamada misteriosa, pero casi lo que más le intrigaba, era eso de que iba a tener muchas emociones y que fuera fuerte, ¿acaso vería a Azahara?...¿se habría casado ya?...¿estaría enferma?..., por fin entrada la madrugada, Roberto cayó exhausto y se quedó dormido en el suelo sobre la alfombra de pelo blanco, frente a la chimenea, era demasiada tensión acumulada y su cuerpo no aguantó tanto agotamiento.

CAPÍTULO VIII

A las 08:00 de la mañana, le despertó el reloj de campanas, con su suave melodía, Roberto dio un salto y se fue rápidamente a la ducha, para asearse y no perder un solo instante, en acudir prontamente a la cita que tenía pactada, faltaban todavía 2 horas y no se encontraba muy lejos del lugar, pero no podía aguantar más con su impaciencia y con la incertidumbre que ésta le proporcionaba.

Era una bonita mañana de primavera, acababan de dar las nueve y media, Roberto paseaba inquieto, pero a la vez alerta por los Jardines y el Lago existente del Palacio de Cristal del Parque del Retiro. No se perdía nada de todo lo que pasaba a su alrededor, tratando de localizar e identificar, a la joven con la que habló por teléfono, ¡¡¡pero qué tontería!!! no sabía cómo era... como vestiría... como era su pelo, su cuerpo, solo podía sacar unas mínimas referencias aproximadas por su voz, además todavía faltaban 30 minutos para la hora acordada, debía calmar sus nervios y serenarse un poco, si no daría una imagen de desquiciado que para nada deseaba.

Sacó un cigarrillo y se lo puso en los labios para calmarse, pero recordó que se había prometido a sí mismo que si volvía a ver a Azahara, dejaría de fumar. A sí que era una estupenda ocasión, para empezar a intentarlo, rompió el paquete y el cigarrillo, lo depositó en una papelera, y buscó un asiento estratégico, para controlar el paisaje y se puso a contemplar los hermosos cisnes negros y blancos del lago , que había frente a las puertas del Palacio.

Había una plácida calma maravillosa, los pájaros, no paraban de cantar y revolotear felices y ágiles. Las ardillas correteaban libremente de un árbol a otro sin apenas parar , era difícil seguirlas con la vista, las palomas revoloteaban cercanas al banco donde se encontraba sentado, acostumbradas a que les echaran algo de comida, migas de pan, maíz, palomitas...cualquier cosa les valía, para agruparse en montones a disputarse las migajas. Era una hermosa mañana, y el sol ya empezaba a notarse en su calor mañanero,... había varios niños jugando por el parque, al cuidado de sus niñeras que se agrupaban para charlar y comentar sus cosas.

De pronto, una preciosa niña de bucles rubios dorados y vivarachos, ojos verdes esmeralda, le sacaron de su ensimismamiento., cuando le preguntó en su graciosa lengua infantil...

"¡¡¡Hola!!!... ¿Qué haces...? ¿Cómo te llamas?", "¡¡Hola!! -le respondió Roberto gratamente sorprendido, por la belleza y soltura de la niña-me llamo Roberto, ¿te gusta?"

"¡¡Siii!! -respondió presta la niña- mi papá también se llama igual que tú, pero yo no lo conozco, mi mamá me dice que está muy lejos trabajando..."

"¿Y dónde está tu mamá?" -le interrogó Roberto-

"Oh... está trabajando, yo estoy jugando con mi tita..."-respondió, a la vez que señalaba con su dedito a una muchacha, rubia, alta y bien parecida, que se encontraba un poco distanciada observándoles-

"Pues verás...respondió con voz melosa Roberto, agachándose y poniendo sus manos en la cinturita de la niña, resulta que yo soy un príncipe, y una bruja malvada, cada vez que dan las doce de la noche, me convierte en un cisne negro tan precioso como aquél tan bonito que ves allí."

La niña le escuchaba muy atenta y en silencio, con unos ojos grandes de admiración, que resaltaban más en su cara sonrosada y su sedoso largo pelo en bucles rubios.

"Pero... -continuó, Roberto- si un día una niña tan bonita como tú, me da un lindo besito en la mejilla, volveré a ser un príncipe y montaré en mi caballo blanco, que es el otro cisne blanco que ves al lado del negro y volveré a mi palacio de cristal y me casaré con una princesa tan preciosa como tú.... ¿Qué te parece?..."

"¿Eso es verdad?" -preguntó la niña de forma inocente y encandilada-

"¡¡Por supuesto que sí!! -le respondió Roberto- y es más..., cuando la niña sea mayor, podrá vivir en el Palacio del Príncipe...

"¿Y...me montarás en tu caballo blanco?" -dijo con los ojos muy abiertos la niña-

"¡Por supuesto!...

"Entonces, si te doy un besito... ¿te convertirás en Príncipe y tu caballo dejará de ser cisne como tú?"

"Desde luego que sí... pero eso solo ocurrirá cuando sea de noche y den las doce campanadas".

Entonces la niña, sin pensárselo más, le dio un beso en la mejilla y le dijo:

"Te doy el beso, para que no te conviertas más en cisne, porque tiene que estar el agua muy fría y puedes ponerte malito".

Roberto, no pudo por menos que echar una carcajada y hacerla unas carantoñas en el pelo. Era una niña verdaderamente maravillosa, resuelta y despierta. Entonces Roberto, la dio un beso en la carita y la dijo:

"Esto por hacerme el favor de no ser más cisne, pues la verdad es que el agua estaba muy fría en ese lago, ¡gracias!..."

La niña le respondió de nuevo, con un fuerte y espontáneo abrazo y se marchó corriendo a jugar.

La muchacha que estaba con la niña, se le acercó y dijo:

"¿Roberto? -éste levantó la vista y extrañado respondió- ¡¡Siii!!"

"Soy Rebeca...yo fui quien le llamé ayer por la mañana y quedé con usted aquí y esta niña tan bonita, es Esperanza".

"Qué nombre más bonito, ¡¡¡Exclamó Roberto!!!, mirando a la niña, ¿Cómo es que no me lo has dicho antes?...

"¡¡¡Porque tú no me lo has preguntado!!!...", respondió la niña de forma tajante, pero inocente.

"¡¡¡Pues es verdad!!!, qué fallo el mío" y levantándose le dijo a la muchacha:

"Bien   Rebeca, porque puedo llamarla así ¿verdad?",

"¡¡¡Por supuesto!!!, y te ruego que me tutees por favor".

"Bien, pues como te decía, no entiendo nada, tendrías la amabilidad de explicármelo, la ansiedad me está matando"...

"¿Nos sentamos?, dijo Rebeca...

La niña siguió jugando con sus cosas sin prestar más atención a la conversación de los mayores, al fin y al cabo, ella no entendía nada de lo que estos hablaban. Se le veía, una educación exquisita y cuidada.

"Trataré de explicártelo lo más claro y mejor   posible,   esperando   que   sepas comprender todo este misterio para ti" -dijo Rebeca- Esa preciosa niña tan bonita y despierta que ha estado hablando contigo, de nombre Esperanza... es tu hija... es decir, tuya y de Azahara...

"¡¡¡Que...!!!-exclamó Roberto, levantando su figura de un respingo del sobresalto y que no daba crédito a lo que acababa de escuchar-

"Verás...continuó Rebeca, cuando Azahara se fue de tu apartamento al convento, estaba echa un verdadero lío, te amaba con locura, pero había hecho una promesa que para ella era sagrada y tenía que cumplirla por encima de sus sentimiento. Mas... el problema, no era verdaderamente ése, (aunque lo pasó bastante mal), si no que a los tres meses, ella se sentía muy mal físicamente y me llamó porque no paraba de vomitar, tener múltiples mareos y encontrarse muy débil, sin apenas ganas de comer, le rogué que se pasara por mi clínica, para realizarle unos análisis y ver de dónde le surgían los problemas. Fue ahí donde descubrimos que Azahara, se encontraba embarazada".

Prosiguió Rebeca: "Me explicó todo lo que había ocurrido y la dije que dejara el convento y te buscara, porque tu tenías todo el derecho a saberlo todo, que si estabas enamorado de ella, lo entenderías a la perfección, pero ella opinaba, que te había abandonado sin darte explicación alguna, y eso era imperdonable, además, ¡¡cómo se iba a presentar con la niña!!, parecería una reclamación para que te sintieras forzado a aceptarlas, que podría ser una tremenda carga para ti y un cambio radical y forzado de tu situación".

"Ella te ama con locura Roberto y jamás ha dejado ni un solo día de llorar por ti... por ese "Amor imposible" que Dios les había asignado, nunca ha vuelto a ser la misma, desde que salió de tu casa, ha sufrido mucho, pero se lo ha tragado para ella sola, yo...no podía aguantar por más tiempo esta situación, viendo como Azahara, se consumía por la tristeza día a día y como la niña me pregunta todos los días cuando va a venir su papá; ella cree que está en un país lejano trabajando".

"No sé si habré hecho bien, pero tenía un nudo en la garganta que no podía soportar por más tiempo en silencio, tenías derecho a saberlo y tomar tu propia decisión en consecuencia. Azahara, no sabe nada de este encuentro que estamos teniendo tú y yo, y de ti depende, que puedas encontrarte con ella y habléis, o por el contrario, nunca más las vuelvas a ver".

Roberto, emocionado con lo que escuchaba, solo acertó a decir:

"Gracias Rebeca" y se le cayeron dos lágrimas que apenas pudo disimular, ella continuó:

"Las dos viven conmigo desde entonces y Azahara, está trabajando en mi clínica de Auxiliar, mientras se está sacando la carrera de enfermería. Yo por las mañanas me encargo de los cuidados de Esperanza, y ella el resto del día, pero a las dos, les falta lo más importante en su vida: ¡Tú!"

Por fin, tras tragar saliva, coger aire, y enjugarse las lágrimas, pudo responder:

"Quiero a Azahara con toda mi alma...La he estado buscando incansablemente todo el tiempo desde que se desapareció de mi casa, sin resultado positivo. Cuando conseguí localizar el Convento y personarme allí, no supieron darme razón ni paradero de ella. He seguido buscando hasta hoy, día tras día, pues era lo que más deseaba en mi vida. Tras su marcha, sufrí una terrible depresión que además de que casi me expulsan del trabajo, lo peor es que puse en grave peligro la vida de mi compañero, si no hubiera sido por su inestimable ayuda y apoyo... no sé qué hubiera sido de mí...".

Roberto siguió argumentando: "Me ayudó a recuperarme y juntos estábamos en la misión de encontrarla viva o muerta... ¡Cuánto dolor! ...¡Cuántas decepciones!... ¡Cuántas horas, días y noches de desvelo!... ¡De angustia!... y de nuevo, de arranques de ilusión por encontrarla, pero nunca he perdido la certeza de que lo íbamos a conseguir... Y ahora resulta, que esa maravillosa niña, que es un regalo divino y que tiene bonito hasta el nombre, ¡¡¡es mi hija!!! - Roberto no pudo contenerse y rompió a llorar de emoción-

¡¡¡ Dios !!!, eres grande a pesar de mis dudas... éste es el premio mayor que me podías conceder... ¡¡¡Gracias ¡!!... gracias... mil gracias...". Roberto estuvo unos minutos con la cabeza tapada entre sus manos sollozando, mientras Rebeca, trataba de consolarlo acariciándole suave y delicada mente su espalda y apretándole sus hombros en señal de apoyo.

Por fin, se pudo recomponer y tras secarse y rehacerse, de tanta profunda emoción, preguntó...:

"¿Por qué el nombre de Esperanza?

"Significa "RAYO DE ILUSIÓN", respondió con dulzura Rebeca".

Roberto estaba cada vez más emocionado, y comprensiblemente exultante; ¡¡¡Una hija suya!!!... una preciosa y maravillosa niña, sangre de su sangre...

"¡¡¡Quiero verla de nuevo!!!... quiero besarla.... tenerla entre mis brazos... decirle que soy su papá, que he venido para estar junto a ella para siempre y no separarnos jamás..."Nunca Jamás".

Rebeca llamó a Esperanza y cuando la niña vino, ésta le dijo:

"Esperanza éste es tu Papá, que ha venido del país lejano, donde estaba trabajando" -la niña se le quedó mirando fijamente, y de repente se le abalanzó sobre él con los brazos abiertos gritando:

"¡¡¡Papá...Papá!!!, por fin te conozco y te veo... cuánto te quiero... y qué guapo eres... ¡¡¡Te quiero!!!, por favor, no te vayas nunca más tan lejos ¿vale?...-dijo llorando la niña-.

Roberto lloraba junto a ella y le dijo: " Nunca más, mi querida niña...nunca más te dejaré sola...nunca más me separaré de vosotras, os lo prometo".

Rebeca estaba muy emocionada viendo esa tierna escena sin poder evitar escaparse alguna lagrimilla, aunque ella trataba de disimularlas.

¡¡¡HIJA MÍA... TE QUIERO!!!... TE QUIERO TANTO...le decía mientras la apretaba con un fuerte abrazo, y la revoleaba dándole vueltas sobre sí mismo (cosa que a la niña le encantaba) y cambió las lágrimas por las risas, hasta que cayeron apretados en un abrazo sobre el césped, donde se revolcaron y rieron sin poder parar...

CAPÍTULO IX

Eran las dos de la tarde, Roberto esperaba ansioso en la explanada del monumento a Alfonso XII, en el camino lateral del embarcadero del Paseo del Parque del Retiro y las ninfas del estanque; Azahara, tenía que pasar por ahí, de un momento a otro. Era su recorrido de vuelta del trabajo en la clínica a la casa de su amiga, donde vivían las tres, curiosamente, a escasos tres kilómetros de la casa de Roberto.

Rebeca le había dicho el lugar habitual por donde regresaba Azahara, para que pudiera reencontrarse con ella de forma absolutamente sorpresiva. Además, Rebeca había hablado con la niña, para que no le dijera nada del encuentro que había tenido con su papá y darle una bonita sorpresa a su mamá; por lo que Azahara, estaba totalmente ajena a la espera de Roberto.

El corazón de Roberto latía aceleradamente, ¡¡¡por fin podría ver a su amada!!!, no se lo podía creer... incluso temía que fuera todo un bonito y maravilloso sueño y se despertara de repente y la realidad fuera otra...

"No... no estoy soñando -se dijo pellizcándose la cara- era real, ¡¡¡Dios mío!!! ¿cómo estará?... ¿me seguirá queriendo?... ¿se acordará de mí?... ¿estaremos muy cambiados?...

Mientras se debatía en preguntas, interrogaciones, dudas, y muchos nervios, su corazón parecía que le iba a explotar y no iba a poder resistir tanta emoción.

Roberto alzó la mirada que tenía clavada en el suelo y se quedó estupefacto, a los lejos venía Azahara...era ella... Estaba a unos 50 metros de él, se levantó y se quedó mirándola fijamente, estudiando cada milímetro de su figura, ¡¡¡Estaba igual de bonita!!! mantenía esa maravillosa figura que él recordaba día tras día. Su pelo negro azabache, largo y sedoso le revoloteaba levemente por la brisa que corría, ¡Sííí...era ella!...

Su impresionante Azahara, venía hacia él a su encuentro sin percatarse de nada...

De repente Azahara se paró en seco, se quedó inmóvil, petrificada, no daba crédito a lo que veían sus ojos... estaba a unos 15 metros y tenía delante a...¡¡¡Roberto!!! tras unos instantes de duda, y confirmando que era él, sin más vacilar, soltó el bolso y salió corriendo a su encuentro con los brazos abiertos y totalmente eufórica y no pudo impedir que de su garganta se escapara un grito de emoción, ¡¡¡Robertooo!!!...

Se encontraron los dos en un efusivo y sentido abrazo, se besaron...fue un largo y cálido beso... lleno de pasión y de sentimientos incontrolados.

Les separó los aplausos espontáneos de las personas que se encontraban en el lugar llenas de emoción por la escena. Azahara, intentó explicar a Roberto, pero éste con mucha dulzura y su dedo índice, le tapó los labios...

"No tienes nada que explicarme... lo sé todo, Rebeca me lo ha contado paso a paso".

"Pero es que...intentó responder Azahara; no digas nada, insistió Roberto, ya he conocido a nuestra encantadora y preciosa niñita, es maravillosa y tan inteligente y vivaracha como..."

Ahora fue ella la que no le dejó proseguir y los dos, se volvieron a besar durante unos instantes y con lágrimas emocionadas por tan esperado reencuentro, se pusieron a andar cogidos cariñosamente por la cintura.

¡¡¡Por fin!!!...después de tanto tiempo y de los enormes sufrimientos padecidos, habían conseguido encontrarse y manifestar sin temores su profundo amor: Ya nada ni nadie, podrían separarles, no les podían arrebatar la felicidad que con tantas lágrimas, habían conseguido y tan merecidamente, se habían ganado.

Por fin... todas las noches en vela... toda la angustia padecida, todos los temores gritos de desesperación, todas las desilusiones, sufrimientos y luchas, habían terminado, ¡¡¡había ganado el amor!!! la perseverancia...la ilusión...la constancia... ¡¡¡Por fin su premio!!!... ser felices y unidos para siempre los tres juntos, como una auténtica familia, para el resto de sus días y por los siglos de los siglos.

CAPÍTULO X

Roberto, Azahara, Esperanza, Javier y Rebeca, decidieron pasar unas cortas vacaciones, en el chalet que los padres de Rebeca tenían en una bonita playa del mediterráneo, lleno de preciosas calitas y playas de fina y blanca arena.

¡¡Todos eran muy felices!! Javier y Rebeca, eran muy buenos amigos, conectaban a la perfección y hacían una estupenda pareja, sólida y compenetrada. Parecían que eran el uno para el otro, por lo que no le cabía duda a nadie, que apuntaban maneras para ser una pareja estable, y ya se hablaba tímidamente, de hacer una boda a cuatro.

Un domingo al atardecer, Javier, Roberto y la niña, salieron a dar un paseo por la playa; Javier se desvió, para comprar unas revistas para ellas y una buena botella de delicioso vino para la exquisita cena, que estaban preparando las mujeres.

Roberto, jugaba con esperanza, estaban solos, excepto una pareja a lo lejos que caminaban cogidos de la mano.

Roberto y la niña corrían entre las pequeñas olas de la orilla, se echaban agua con los pies, reían, cogían pequeños guijarros que lanzaban de nuevo al agua; se estaba poniendo el sol... era un maravilloso atardecer y con una leve brisa que alejaba el calor del día. Cuando la pareja, acababa de sobrepasar a Roberto, la chica sacó una pistola de la parte trasera del pareo-bañador y disparó 2 tiros a la nuca de Roberto con una tremenda sangre fría, crueldad y cobardía...Roberto cayó fulminado por los impactos, la pareja, emprendió una rápida fuga, e introduciéndose en un vehículo que les estaba esperando en la carretera, huyeron velozmente del lugar.

Esperanza corrió junto a su padre al cual llamaba insistentemente, hecha un mar de lágrimas. Roberto había muerto instantáneamente, dos tiros en la nuca, habían truncado la felicidad que tanto les habían costado conseguir.

Los llantos de la niña llamando a su padre desesperadamente, eran ahogados por las olas del mar, que bañaban la playa solitaria.

FIN

(Autores: Rafael Serrano Maldonado y Maxi S. Novella)

(Madrid, 03 de Febrero de 1987-20-12-2021)

POEMA HOMENAJE

(Por: Maxi S Novella.)

LLORA ESPAÑA...LLORA...

Dos estallidos sonaron
en una noche estrellada,
tocado por la fría muerte
un cuerpo se desplomaba.
Dos tiros en la nuca,
una mirada angustiada,
dos lágrimas inocentes
en la tierra derramadas.
Cuatro añitos destrozados,
dos preguntas sin palabras...
¿qué te han hecho papaíto?
que no me das tu mirada...
Sola en la playa estaba,
el cuerpo yacía inerte...
Sólo se oía la muerte...
que entre las olas cantaba.
Cuatro añitos destrozados...
dos preguntas sin palabras,
dos lágrimas inocentes

en la tierra derramadas.
Papá...tú nunca has sido malo
y con los niños jugabas
¿Por qué te han disparado?...
¿Por qué no me dices nada?...
Ni el cielo ni la tierra
le podían explicar,
que su padre dio la vida
por España y por la Paz.
Él llevaba un uniforme
y por eso le mataban,
no importaba si era bueno,
pues por odio le asesinaban.
Llora España...llora...
con el alma desgarrada,
¿Por qué se matan tus hijos?
¿Por qué de ellos el odio mana?
Llora España...llora...
por su sangre derramada,
que gota a gota van bañando
una España desgraciada.
Dos estallidos sonaron,

en una noche estrellada,
tocado por la fría muerte
un cuerpo se desplomaba
Cuatro añitos destrozados...
dos preguntas sin palabras...
dos lágrimas inocentes,
en la tierra derramadas.

(Madrid, 6 Febrero del 1982)

(Dedicado a las personas cuyas vidas están condicionadas y marcadas por un uniforme. y por ende, a sus familias, amigos y seres queridos, que sufrieron la lacra de la barbarie terrorista.

D.E.P.

TODOS Y CADA UNO DE LOS GRANDES HÉROES ANÓNIMOS AHORA CONVERTIDOS EN ÁNGELES DE LA GUARDA, QUE NOS DAN SU PREOTECCIÓN DESDE EL CIELO, POR LA VIL Y COBARDE ACCIÓN DE SER EJECUTADOS POR MALDITOS ASESINOS, SIN ALMA NI ESCRUPULOS.

Printed in Great Britain
by Amazon

74213466R00068